سلامتی کا راستہ

(مضامین)

مرتبہ:

اعجاز عبید

ISBN 978-93-5872-551-3

9 789358 725513

کتاب	:	**سلامتی کا راستہ** (مضامین)
مرتب	:	**اعجاز عبید**
صنف	:	غیر افسانوی نثر
ناشر	:	تعمیر پبلی کیشنز (حیدرآباد، انڈیا)
سالِ اشاعت	:	۲۰۲۴ء
صفحات	:	۳۸
سرورق ڈیزائن	:	تعمیر ویب ڈیزائن

فہرست

ہستی باری تعالیٰ

صاحبو! اگر کوئی شخص آپ سے کہے کہ بازار میں ایک دکان ایسی ہے جس کا کوئی دکان دار نہیں ہے، نہ کوئی اس میں مال لانے والا ہے، نہ بیچنے والا اور نہ کوئی اس کی رکھوالی کرتا ہے، دکان خود بخود چل رہی ہے، خود بخود اس میں مال آ جاتا ہے اور خود بخود خریداروں کے ہاتھوں فروخت ہو جاتا ہے، تو کیا آپ اس شخص کی بات مان لیں گے؟ کیا آپ تسلیم کر لیں گے کہ کسی دکان میں مال لانے والے کے بغیر خود بخود بھی مال آ سکتا ہے، مال بیچنے والے کے بغیر خود بخود فروخت بھی ہو سکتا ہے؟ حفاظت کرنے والے کے بغیر خود بخود چوری اور لوٹ سے محفوظ بھی رہ سکتا ہے؟ اپنے دل سے پوچھیے ایسی بات آپ کبھی مان سکتے ہیں؟ جس کے ہوش و حواس ٹھکانے ہوں کیا اس کی عقل میں یہ بات آ سکتی ہے کہ کوئی دکان دنیا میں ایسی بھی ہو گی؟

فرض کیجیے۔ ایک شخص آپ سے کہتا ہے کہ اس شہر میں ایک کارخانہ ہے جس کا نہ کوئی مالک ہے، نہ انجینئر، نہ مستری۔ سارا کارخانہ خود بخود قائم ہو گیا ہے۔ ساری مشینیں خود بخود بن گئی ہیں، خود ہی سارے پرزے اپنی اپنی جگہ لگ گئے ہیں، خود ہی سب مشینیں چل رہی ہیں، اور خود ہی ان میں سے عجیب عجیب چیزیں بن بن کر نکلتی

رہتی ہیں۔ سچ بتایئے جو شخص آپ سے یہ بات کہے گا۔ آپ حیرت سے اس کا منہ نہ تکنے لگیں گے ! آپ کو یہ شبہ نہ ہو گا کہ اس کا دماغ تو کہیں خراب نہیں ہو گیا ہے ؟ کیا ایک پاگل کے سوا ایسی بے ہودہ بات کوئی کہہ سکتا ہے ؟

دور کی مثال کو چھوڑیئے، یہ بجلی کا بلب جو آپ کے سامنے جل رہا ہے کیا کسی کے کہنے سے آپ یہ مان سکتے ہیں کہ روشنی اس بلب میں آپ سے آپ پیدا ہو جاتی ہے ؟ یہ کرسی جو آپ کے سامنے رکھی ہے، کیا کسی بڑے سے بڑے فاضل فلسفی کے کہنے سے بھی آپ یہ باور کر سکتے ہیں کہ یہ خود بخود بن گئی ہے ؟ یہ کپڑے جو آپ پہنے ہوئے ہیں، کیا کسی علامہ دُہر کے کہنے سے بھی آپ یہ تسلیم کرنے کے لیے تیار ہو سکتے ہیں کہ ان کو کسی نے بنایا نہیں ہے، یہ خود بن گئے ہیں ؟ یہ گھر جو آپ کے سامنے کھڑے ہیں اگر تمام دنیا کی یونیورسٹیوں کے پروفیسر مل کر بھی آپ کو یقین دلائیں کہ ان گھروں کو کسی نے نہیں بنایا ہے بلکہ یہ خود بن گئے ہیں، تو کیا ان کے یقین دلانے سے آپ کو ایسی لغو بات پر یقین آ جائے گا ؟

یہ چند مثالیں آپ کے سامنے کی ہیں۔ رات دن جن چیزوں کو آپ دیکھتے ہیں انہیں میں سے چند ایک میں نے بیان کی ہیں۔ اب غور کیجیے، ایک معمولی دکان کے متعلق جب آپ کی عقل یہ نہیں مان سکتی کہ وہ کسی قائم کرنے والے کے بغیر چل رہی ہے، جب ایک ذرا سے کارخانے کے متعلق آپ یہ ماننے کے لیے تیار نہیں ہو سکتے کہ وہ کسی بنانے والے کے بغیر بن جائے گا اور کسی چلانے والے کے بغیر چلتا رہے گا تو یہ زمین و آسمان کا زبردست کارخانہ جو آپ کے سامنے چل رہا ہے، جس میں چاند اور سورج اور بڑے بڑے ستارے گھڑی کے پرزوں کی طرح حرکت کر

رہے ہیں ،جس میں سمندروں سے بھاپیں اٹھتی ہیں ،بھاپوں سے بادل بنتے ہیں ، بادلوں کو ہوائیں اڑا کر زمین کے کونے کونے میں پھیلاتی ہیں، پھر ان کو مناسب وقت پر ٹھنڈک پہنچا کر دوبارہ بھاپ سے پانی بنایا جاتا ہے ، پھر وہ پانی بارش کے قطروں کی صورت میں گرایا جاتا ہے ، پھر اس بارش کی بدولت مردہ زمین کے پیٹ سے طرح طرح کے لہلہاتے ہوئے درخت نکالے جاتے ہیں۔ قسم قسم کے غلے ،رنگ برنگ کے پھل اور وضع وضع کے پھول پیدا کیے جاتے ہیں، اس کارخانے کے متعلق آپ یہ کیسے مان سکتے ہیں کہ یہ سب کچھ کسی بنانے والے کے بغیر خود بن گیا اور کسی چلانے والے کے بغیر خود چل رہا ہے؟ ایک ذرا سی کرسی ،ایک گز بھر کپڑے ،ایک چھوٹی سی دیوار کے متعلق کوئی کہہ دے کہ یہ چیزیں خود بنی ہیں تو آپ فوراً فیصلہ کر دیں گے کہ اس کا دماغ چل گیا ہے۔ پھر بھلا اس شخص کے دماغ کی خرابی میں کیا شک ہو سکتا ہے جو کہتا ہے کہ زمین خود بن گئی، جانور خود پیدا ہو گئے ،انسان جیسی حیرت انگیز چیز آپ سے آپ بن کر کھڑی ہو گئی۔

آدمی کا جسم جن اجزاء سے مل کر بنا ہے ان سب کو سائنس دانوں نے الگ الگ کر کے دیکھا تو معلوم ہوا کہ کچھ لوہا ہے، کچھ کوئلہ ہے ،کچھ گندھک، کچھ فاسفورس ،کچھ کیلشیم ،کچھ نمک ،چند گیسیں اور بس ایسی ہی چند اور چیزیں جن کی مجموعی قیمت چند روپوں سے زیادہ نہیں ہے۔ یہ چیزیں جتنے جتنے وزن کے ساتھ آدمی کے جسم میں شامل ہیں، اتنے ہی وزن کے ساتھ انہیں لے لیجیے اور جس طرح جی چاہے ملا کر دیکھ لیجیے۔ آدمی کسی ترکیب سے نہ بن سکے گا۔ پھر کس طرح آپ کی عقل مان سکتی ہے کہ ان چند بے جان چیزوں سے دیکھتا، سنتا، بولتا، چلتا پھرتا انسان، جو ہوائی جہاز اور

ریڈیو بناتا ہے ، کسی کاریگر کی حکمت کے بغیر خود بخود بن جاتا ہے ؟

کبھی آپ نے غور کیا کہ ماں کے پیٹ کی چھوٹی سی فیکٹری میں کس طرح آدمی تیار ہوتا ہے ؟ باپ کی کارستانی کا اس میں کوئی دخل نہیں۔ ماں کی حکمت کا اس میں کوئی کام نہیں۔ ایک ذرا سی تھیلی میں دو کیڑے جو خوردبین کے بغیر دیکھے تک نہیں جاسکتے ، نہ معلوم کب آپس میں مل جاتے ہیں۔ ماں کے خون ہی سے ان کو غذا پہنچنی شروع ہو جاتی ہے۔ وہیں سے لوہا ، گندھک ، فاسفورس وغیرہ تمام چیزیں جن کا میں نے اوپر ذکر کیا ہے ایک خاص وزن اور خاص نسبت کے ساتھ وہاں جمع ہو کر لو تھڑا بنتی ہیں۔ پھر اس لو تھڑے میں جہاں آنکھیں بننی چاہئیں وہاں آنکھیں بنتی ہیں ، جہاں کان بننے چاہئیں وہاں کان بنتے ہیں ، جہاں دماغ بننا چاہیے وہاں دماغ بنتا ہے ، جہاں دل بننا چاہیے وہاں دل بنتا ہے ۔۔۔ ہڈی اپنی جگہ پر ، گوشت اپنی جگہ پر ، غرض ایک ایک پرزہ اپنی اپنی جگہ پر ٹھیک بیٹھتا ہے۔ پھر اس میں جان پڑ جاتی ہے۔ دیکھنے کی طاقت ، سننے کی طاقت ، چکھنے اور سونگھنے کی طاقت ، بولنے کی طاقت ، سوچنے اور سمجھنے کی طاقت اور نہ جانے کتنی بے حد و حساب طاقتیں اس میں بھر جاتی ہیں۔ اس طرح جب انسان مکمل ہو جاتا ہے تو پیٹ کی وہی چھوٹی سی فیکٹری جہاں نو مہینے تک وہ بن رہا تھا خود زور کر کے اسے باہر دھکیل دیتی ہے۔ اس فیکٹری سے ایک ہی طریقے پر لاکھوں انسان روز بن کر نکل رہے ہیں۔ مگر ہر ایک کا نمونہ جدا ہے۔ شکل جدا ، رنگ جدا ، آواز جدا ، قوتیں اور قابلیتیں جدا ، طبیعتیں اور خیالات جدا ، اخلاق اور صفات جدا۔ ایک ہی ماں کے پیٹ سے نکلے ہوئے دو سگے بھائی تک ایک دوسرے سے نہیں ملتے۔ یہ ایک ایسا کرشمہ ہے جسے دیکھ کر عقل دنگ رہ جاتی

ہے۔ اس کرشمے کو دیکھ کر بھی جو شخص یہ کہتا ہے کہ یہ کام کسی زبردست حکمت والے ،زبردست قدرت والے ،زبردست علم اور بے نظیر کمالات والے خدا کے بغیر ہو رہا ہے یا ہو سکتا ہے ،یقیناً اس کا دماغ درست نہیں اس کو عقل مند سمجھنا عقل کی توہین کرنا ہے۔ کم از کم میں تو ایسے شخص کو اس قابل نہیں سمجھتا کہ کسی معقول مسئلے پر اس سے گفتگو کروں۔

٭ ٭ ٭

توحید

اچھا اب ذرا اور آگے چلیے۔ آپ میں سے ہر شخص کی عقل اس بات کی گواہی دے گی کہ دنیا میں کوئی کام بھی خواہ وہ چھوٹا ہو یا بڑا، کبھی باضابطگی باقاعدگی سے نہیں چل سکتا جب تک کہ کوئی ایک شخص اس کا ذمہ دار نہ ہو۔ ایک مدرسہ کے دو ہیڈ ماسٹر، ایک محکمہ کے دو ڈائریکٹر، ایک فوج کے دو سپہ سالار، ایک سلطنت کے دو رئیس یا بادشاہ کبھی آپ نے سنے ہیں؟ اور کہیں ایسا ہو تو کیا آپ سمجھتے ہیں کہ ایک دن کے لیے بھی انتظام ٹھیک ہو سکتا ہے؟ آپ اپنی زندگی کے چھوٹے چھوٹے معاملات میں اس کا تجربہ کرتے ہیں کہ جہاں کوئی کام ایک سے زیادہ آدمیوں کی ذمہ داری پر چھوڑا جاتا ہے وہاں سخت بد انتظامی ہوتی ہے، لڑائی جھگڑے ہوتے ہیں ،اور آخر ساجھے کی ہنڈیا چوراہے میں پھوٹ کر رہتی ہے۔ انتظام، باقاعدگی، ہمواری اور خوش اسلوبی دنیا میں جہاں کہیں بھی آپ دیکھتے ہیں وہاں لازمی طور پر ایک طاقت کار فرما ہوتی ہے، کوئی ایک ہی وجود با اختیار و اقتدار ہوتا ہے، اور کسی ایک کے ہاتھ میں سر رشتہ کار ہوتا ہے۔ اس کے بغیر انتظام کا آپ تصور نہیں کر سکتے۔

یہ ایسی سیدھی بات ہے کہ کوئی شخص جو تھوڑی سی عقل بھی رکھتا ہو اسے ماننے میں تامل نہ کرے گا۔ اس بات کو ذہن میں رکھ کر ذرا اپنے گرد و پیش کی دنیا پر

نظر ڈالیے۔ یہ زبردست کائنات جو آپ کے سامنے پھیلی ہوئی ہے، یہ کروڑوں سیارے جو آپ کو گردش کرتے نظر آتے ہیں، یہ زمین جس پر آپ رہتے ہیں، یہ چاند جو راتوں کو نکلتا ہے، یہ سورج جو صبح کو طلوع ہوتا ہے، یہ زہرہ، یہ مریخ، یہ عطارد، یہ مشتری اور یہ دوسرے بے شمار تارے جو گیندوں کی طرح گھوم رہے ہیں، دیکھیے! ان سب کے گھومنے میں کیسی سخت با قاعدگی ہے ۔ کبھی رات اپنے وقت سے پہلے آتی ہوئی آپ نے دیکھی؟ کبھی دن وقت سے پہلے نکلتے دیکھا؟ کبھی چاند زمین سے ٹکرایا؟ کبھی سورج اپنا راستہ چھوڑ کر ہٹا؟ کبھی کسی اور ستارے کو آپ نے ایک بال برابر بھی اپنی گردش کی راہ سے ہٹتے ہوئے دیکھا یا سنا؟ یہ کروڑہا سیارے جن میں سے بعض ہماری زمین سے لاکھوں گنا بڑے ہیں اور بعض سورج سے بھی ہزاروں گنا بڑے، یہ سب گھڑی کے پرزوں کی طرح ایک زبردست ضابطے میں کسے ہوئے اور ایک بندھے ہوئے حساب کے مطابق اپنی اپنی مقررہ رفتار کے ساتھ اپنے مقررہ راستے پر چل رہے ہیں ۔ نہ کسی کی رفتار میں ذرہ برابر فرق آتا ہے، نہ کوئی اپنے راستے سے بال برابر ٹل سکتا ہے۔ ان کے درمیان جو نسبتیں قائم کر دی گئی ہیں، اگر ان میں ایک پل کے لیے بھی ذرا سا فرق آ جائے تو سارا نظام عالم درہم برہم ہو جائے، جس طرح ریلیں ٹکراتی ہیں اسی طرح سیارے ایک دوسرے سے ٹکرا جائیں۔

یہ تو آسمان کی باتیں ہیں۔ ذرا اپنی زمین اور اپنی ذات پر نظر ڈال کر دیکھیے۔ اس مٹی کی گیند پر یہ سارا زندگی کا کھیل جو آپ دیکھ رہے ہیں یہ سب چند بندھے ہوئے ضابطوں کی بدولت قائم ہے۔ زمین کی کشش نے ساری چیزوں کو اپنے حلقے

میں باندھ رکھا ہے۔ ایک سیکنڈ کے لیے بھی اگر وہ اپنی گرفت چھوڑ دے تو سارا کارخانہ بکھر جائے۔ اس کارخانہ میں جتنے کل پرزے کام کر رہے ہیں، سب کے سب ایک قاعدے کے پابند ہیں۔ اس قاعدے میں کبھی فرق نہیں آتا۔ ہوا اپنے قاعدے کی پابندی کر رہی ہے، پانی اپنے قاعدے میں بندھا ہوا ہے۔ روشنی کے لیے جو قاعدہ ہے اس کی وہ مطیع ہے۔ گرمی اور سردی کے لیے جو ضابطہ ہے اس کی وہ غلام ہے۔ مٹی، پتھر، دھاتیں، بجلی، اسٹیم، درخت، جانور کسی میں یہ مجال نہیں کہ اپنی حد سے بڑھ جائے یا اپنی خاصیتوں کو بدل دے، یا اس کام کو چھوڑ دے جو اس کے سپرد کیا گیا ہے۔ پھر اپنی حد کے اندر، اپنے ضابطہ کی پابندی کرنے کے ساتھ، اس کارخانے کے سارے پرزے ایک دوسرے کے ساتھ مل کر کام کر رہے ہیں، اور دنیا میں جو کچھ بھی ہو رہا ہے، سب اسی وجہ سے ہو رہا ہے کہ یہ ساری چیزیں اور ساری قوتیں مل کر کام کر رہی ہیں۔

ایک ذرا سے بیج کی ہی مثال لے لیجیے جس کو آپ زمین میں بوتے ہیں۔ وہ کبھی پرورش پا کر درخت بن ہی نہیں سکتا جب تک کہ زمین اور آسمان کی ساری قوتیں مل کر اس کی پرورش میں حصہ نہ لیں۔ زمین اپنے خزانوں سے اس کو غذا دیتی ہے۔ سورج اس کی ضرورت کے مطابق اس کو گرمی پہنچاتا ہے۔ پانی سے جو کچھ وہ مانگتا ہے وہ پانی دیتا ہے۔ ہوا سے جو کچھ وہ طلب کرتا ہے، وہ ہوا دیتی ہے۔ راتیں اُسے ٹھنڈک اور اوس بہم پہنچاتی ہیں۔ دن اسے گرمی پہنچا کر پختگی کی طرف لے جاتے ہیں۔ اس طرح مہینوں اور برسوں تک مسلسل ایک باقاعدگی کے ساتھ یہ سب مل جل کر اسے پالتے پوستے ہیں، تب جا کر کہیں درخت بنتا ہے اور اس میں پھل آتے

ہیں۔ آپ کی یہ ساری فصلیں جن کے بل بوتے پر آپ جی رہے ہیں، انہی بے شمار مختلف قوتوں کے باہم اتفاق کام کرنے ہی کی وجہ سے تیار ہوتی ہیں۔ بلکہ آپ خود زندہ اسی وجہ سے ہیں کہ زمین اور آسمان کی تمام طاقتیں متفقہ طور پر آپ کی پرورش میں لگی ہوئی ہیں۔ اگر تنہا ایک ہوا ہی اس متفقہ کاروبار سے الگ ہو جائے تو آپ ختم ہو جائیں۔ اگر پانی، ہوا اور گرمی کے ساتھ موافقت کرنے سے انکار کر دے تو آپ پر بارش کا ایک قطرہ نہ برس سکے۔ اگر مٹی، پانی کے ساتھ اتفاق کرنا چھوڑ دے تو آپ کے باغ سوکھ جائیں، آپ کی کھیتیاں کبھی نہ پکیں اور آپ کے مکان کبھی نہ بن سکیں۔ اگر دیا سلائی کی رگڑ سے آگ پیدا ہونے پر راضی نہ ہو تو آپ کے چولھے ٹھنڈے ہو جائیں اور آپ کے سارے کارخانے یک لخت بیٹھ جائیں۔ اگر لوہا آپ کے ساتھ تعلق رکھنے سے انکار کر دے تو آپ ریلیں اور موٹریں تو درکنار ایک سوئی اور چھری تک نہ بنا سکیں۔ غرض یہ ساری دنیا جس میں آپ جی رہے ہیں، یہ صرف اسی وجہ سے قائم ہے کہ اس عظیم الشان سلطنت کے سارے محکمے پوری پابندی کے ساتھ ایک دوسرے سے مل کر کام کر رہے ہیں اور کسی محکمے کے کسی اہل کار کی یہ مجال نہیں ہے کہ اپنی ڈیوٹی سے ہٹ جائے یا ضابطہ کے مطابق دوسرے محکموں کے اہل کاروں سے اشتراک عمل نہ کرے۔

جو کچھ میں نے آپ سے بیان کیا ہے، کیا اس میں کوئی بات جھوٹ یا خلاف واقعہ ہے؟ شائد آپ میں سے کوئی بھی اسے جھوٹ نہ کہے گا۔ اچھا اگر یہ سچ ہے تو مجھے بتائیے کہ یہ زبردست انتظام، یہ حیرت انگیز باقاعدگی، یہ کمال درجہ کی ہمواری، یہ زمین و آسمان کی بے حد و حساب چیزوں، اور طاقتوں میں یہ کامل موافقت آخر کس

وجہ سے ہے؟ کروڑوں برس سے یہ کائنات یونہی قائم چلی آ رہی ہے۔ لکھو کھا سال سے اس زمین پر درخت اگ رہے ہیں، جانور پیدا ہو رہے ہیں، اور نہ معلوم کب سے انسان اس زمین پر جی رہا ہے۔ کبھی ایسا نہ ہوا کہ چاند زمین پر گر جاتا یا زمین سورج سے ٹکرا جاتی۔ کبھی رات اور دن کے حساب میں فرق نہ آیا۔ کبھی ہوا کے محکمے کی پانی کے محکمے سے لڑائی نہ ہوئی۔ کبھی پانی مٹی سے نہ روٹھا۔ کبھی گرمی نے آگ سے رشتہ نہ توڑا۔ آخر اس سلطنت کے تمام صوبے، تمام محکمے، تمام ہر کارے اور کارندے کیوں اس طرح قانون اور ضابطے کی پابندی کیے چلے جا رہے ہیں؟ کیوں ان میں لڑائی نہیں ہوتی؟ کیوں فساد برپا نہیں ہوتا؟ کس چیز کی وجہ سے یہ سب ایک انتظام میں بندھے ہوئے ہیں؟ اس کا جواب اپنے دل سے پوچھیے۔ کیا وہ یہ گواہی نہیں دیتا کہ ایک ہی خدا اس ساری کائنات کا بادشاہ ہے، ایک ہی ہے جس کی زبردست طاقت نے سب کو اپنے ضابطے میں باندھ رکھا ہے؟ اگر دس بیس نہیں دو خدا بھی اس کائنات کے مالک ہوتے تو یہ انتظام اس باقاعدگی کے ساتھ کبھی نہ چل سکتا۔ ایک ذرا سے مدرسے کا انتظام تو دو ہیڈ ماسٹروں کی ہیڈ ماسٹری برداشت نہیں کر سکتا پھر بھلا اتنی بڑی زمین و آسمان کی سلطنت دو خداؤں کی خدائی میں کیسے چل سکتی تھی؟

پس واقعہ صرف اتنا ہی نہیں ہے کہ دنیا کسی بنانے والے کے بغیر نہیں بنی ہے بلکہ یہ بھی واقعہ ہے کہ اس کو ایک ہی نے بنایا ہے۔ حقیقت صرف اتنی ہی نہیں ہے کہ وہ حاکم ایک ہی ہے۔ انتظام کی باقاعدگی صاف کہہ رہی ہے کہ یہاں ایک کے سوا کسی کے ہاتھ میں حکومت کے اختیارات نہیں ہیں۔ ضابطہ کی پابندی منہ سے بول

رہی ہے کہ اس سلطنت میں ایک حاکم کے سوا کسی کا حکم نہیں چلتا۔ قانون کی سخت گیری شہادت دے رہی ہے کہ ایک ہی بادشاہ کی حکومت زمین سے آسمان تک قائم ہے۔ چاند، سورج اور سیارے اسی کے قبضہ قدرت میں ہیں۔ زمین اپنی تمام چیزوں کے ساتھ اُسی کے تابع فرمان ہے۔ ہوا اسی کی غلام ہے۔ پانی اسی کا بندہ ہے۔ دریا اور پہاڑ اسی کے محکوم ہیں۔ درخت اور جانور اسی کے مطیع ہیں۔ انسان کا جینا اور مرنا اسی کے اختیار میں ہے۔ اس کی مضبوط گرفت نے سب کو پوری قوت کے ساتھ جکڑ رکھا ہے۔ کوئی اتنا زور نہیں رکھتا کہ اس کی حکومت میں اپنا حکم چلا سکے۔

در حقیقت اس مکمل تنظیم میں ایک سے زیادہ حاکموں کی گنجائش ہی نہیں ہے۔ تنظیم کی فطرت یہ چاہتی ہے کہ حکم میں ایک شمہ برابر بھی کوئی دوسرا حصہ دار نہ ہو۔ تنہا ایک ہی حاکم ہو اور اس کے سوا سب محکوم ہوں۔ کیونکہ کسی دوسرے کے ہاتھ میں فرمانروائی کے ادنیٰ سے اختیارات ہونے کے معنی بھی بد نظمی اور فساد کے ہیں۔ حکم چلانے کے لیے صرف طاقت ہی درکار نہیں ہے، علم بھی درکار ہے۔ اتنی وسیع نظر درکار ہے کہ تمام کائنات کو بیک وقت دیکھ سکے اور اس کی مصلحتوں کو سمجھ کر احکام جاری کر سکے۔ اگر خداوند عالم کے سوا کچھ چھوٹے چھوٹے خدا ایسے ہوتے جو نگاہِ جہاں بیں تو نہ رکھتے، لیکن انہیں دنیا کے کسی حصے یا کسی معاملہ میں اپنا حکم چلانے کا اختیار حاصل ہوتا تو یہ زمین و آسمان کا سارا کارخانہ درہم برہم ہو کر رہ جاتا۔ ایک معمولی مشین کے متعلق بھی آپ جانتے ہیں کہ اگر کسی ایسے شخص کو اس میں دخل اندازی کا اختیار دے دیا جائے جو اس سے پوری طرح واقف نہ ہو تو وہ اسے بگاڑ کر رکھ دے گا۔ لہٰذا عقل یہ فیصلہ کرتی ہے، اور زمین و آسمان کے نظام سلطنت

کا انتہائی باقاعدگی کے ساتھ چلنا اس کی گواہی دیتا ہے کہ اس سلطنت کے اختیاراتِ شاہی میں ایک خدا کے سوا کسی کا ذرہ برابر حصہ نہیں ہے۔

یہ صرف ایک واقعہ ہی نہیں ہے۔ حق یہ ہے کہ خدا کی خدائی میں خود خدا کے سوا کسی کا حکم چلنے کی کوئی وجہ بھی نہیں ہے۔ جن کو اس نے اپنے دستِ قدرت سے بنایا ہے، جو اس سے بے نیاز ہو کر خود اپنے بل بوتے پر ایک لمحہ کے لیے بھی موجود نہیں رہ سکتے، ان میں سے کسی کی یہ حیثیت کب ہو سکتی ہے کہ خدائی میں اس کا حصہ دار بن جائے؟ کیا کسی نوکر کو آپ نے ملکیت میں آقا کا شریک ہوتے دیکھا ہے؟ کیا آپ کی عقل میں یہ بات آتی ہے کہ کوئی مالک اپنے غلام کو اپنا سا بھی بنا لے؟ کیا خود آپ میں سے کوئی شخص اپنے ملازموں میں سے کسی کو اپنی جائیداد میں یا اپنے اختیارات میں حصہ دار بناتا ہے؟ اس بات پر جب آپ غور کریں گے تو آپ کا دل گواہی دے گا کہ خدا کی اس سلطنت میں کسی بندے کو خود مختارانہ فرماں روائی کا کوئی حق حاصل نہیں ہے۔ ایسا ہونا نہ صرف واقعہ کے خلاف ہے، بلکہ عقل اور فطرت کے خلاف بھی ہے۔ بلکہ حق کے خلاف بھی ہے۔

٭ ٭ ٭

انسان کی تباہی کا اصل سبب

صاحبو! یہ بنیادی حقیقتیں ہیں جن پر اس دنیا کا پورا انظام چل رہا ہے۔ آپ اس دنیا سے الگ نہیں ہیں، بلکہ اس کے اندر اس کے ایک جزی کی حیثیت سے رہتے ہیں۔ لہذا آپ کی زندگی کے لیے بھی یہ حقیقتیں اسی طرح بنیادی ہیں جس طرح کُل جہان کے لیے ہیں۔

آج یہ سوال آپ میں سے ہر شخص کے لیے اور دنیا کے تمام انسانوں کے لیے ایک پریشان کن گتھی بنا ہوا ہے کہ آخر ہم انسانوں کی زندگی سے امن چین کیوں رخصت ہو گیا؟ کیوں آئے دن مصیبتیں ہم پر نازل ہو رہی ہیں؟ کیوں ہماری زندگی کی گل بگڑ گئی ہے؟ قومیں قوموں سے ٹکرا رہی ہیں۔ ملک ملک میں کھینچا تانی ہو رہی ہے۔ آدمی، آدمی کے لیے بھیڑیا بن گیا ہے۔ لاکھوں انسان لڑائیوں میں برباد ہو رہے ہیں۔ کروڑوں اور اربوں کے کاروبار غارت ہو رہے ہیں۔ بستیوں کی بستیاں اجڑ رہی ہیں۔ طاقت ور کمزوروں کو کھائے جاتے ہیں۔ مال دار غریبوں کو لوٹے لیتے ہیں۔ حکومت میں ظلم ہے۔ عدالت میں بے انصافی ہے۔ دولت میں بد مستی ہے۔ اقتدار میں غرور ہے۔ دوستی میں بے وفائی ہے۔ امانت میں خیانت ہے۔ اخلاق میں راستی نہیں رہی۔ انسان پر سے انسان کا اعتماد اٹھ گیا ہے۔ مذہب کے جامے میں لا

مذہبی ہو رہی ہے۔ آدم کے بچے لاتعداد گروہوں میں بٹے ہوئے ہیں اور ہر گروہ دوسرے گروہ کو دغا، ظلم، بے ایمانی ہر ممکن طریقہ سے نقصان پہنچانا کار ثواب سمجھ رہا ہے۔ یہ ساری خرابیاں آخر کس وجہ سے ہیں؟ خدا کی خدائی میں اور جس طرف بھی ہم دیکھتے ہیں امن ہی امن نظر آتا ہے۔ پانی میں امن ہے۔ درختوں اور جانوروں میں امن ہے۔ تمام مخلوقات کا انتظام پورے امن کے ساتھ چل رہا ہے۔ کہیں فساد یا بد نظمی کا نشان نہیں پایا جاتا۔ مگر ایک انسان ہی کی زندگی کیوں اس نعمت سے محروم ہو گئی؟

یہ ایک بڑا سوال ہے جسے حل کرنے میں لوگوں کو سخت پریشانی پیش آ رہی ہے۔ مگر میں پورے اطمینان سے اس کا جواب دینا چاہتا ہوں۔ میرے پاس اس کا مختصر جواب یہ ہے کہ :۔

آدمی نے اپنی زندگی کو حقیقت اور واقعہ کے خلاف بنا رکھا ہے اس لیے وہ تکلیف اٹھا رہا ہے۔ اور جب تک وہ پھر سے اسے حقیقت کے مطابق نہ بنائے گا کبھی چین نہ پا سکے گا۔

آپ چلتی ہوئی ریل کے دروازے کو اپنے گھر کا دروازہ سمجھ بیٹھیں، اور اسے کھول کر بے تکلف اس طرح باہر نکل آئیں جیسے اپنے مکان کے صحن میں قدم رکھ رہے ہوں تو آپ کی اس غلط فہمی سے نہ ریل کا دروازہ گھر کا دروازہ بن جائے گا اور نہ وہ میدان جہاں آپ گریں گے گھر کا صحن ثابت ہو گا۔ آپ کے اپنی جگہ کچھ سمجھ بیٹھنے سے حقیقت ذرا بھی نہ بدلے گی۔ تیز دوڑتی ہوئی ریل کے دروازے سے جب آپ باہر تشریف لائیں گے تو اس کا جو نتیجہ ظاہر ہونا ہے، وہ ظاہر ہو کر ہی رہے گا۔

خواہ ٹانگ ٹوٹنے اور سر پھٹنے کے بعد بھی آپ یہ تسلیم نہ کریں کہ آپ نے جو کچھ سمجھا تھا غلط سمجھا تھا۔

بالکل اسی طرح اگر آپ یہ سمجھ بیٹھیں کہ اس دنیا کا کوئی خدا نہیں ہے یا آپ خود اپنے خدا بن بیٹھیں یا خدا کے سوا کسی اور کی خدائی مان لیں، تو آپ کے ایسا سمجھنے یا مان لینے سے حقیقت ہرگز نہ بدلے گی۔ خدا خدا ہی رہے گا۔ اس کی زبردست سلطنت جس میں آپ محض رعیت کی حیثیت سے رہتے ہیں، پورے اختیارات کے ساتھ اُسی کے قبضہ میں رہے گی۔ البتہ آپ اپنی غلط فہمی کی وجہ سے جو طرزِ زندگی اختیار کریں گے اس کا نہایت برا خمیازہ آپ کو بھگتنا پڑے گا۔ خواہ آپ تکلیفیں اٹھانے کے بعد بھی اپنی اس غلط زندگی کو بجائے خود صحیح ہی سمجھتے رہیں۔

پہلے میں جو کچھ بیان کر چکا ہوں اسے ذرا اپنی یاد میں پھر تازہ کر لیجیے۔ خداوندِ عالم کسی کے بنائے سے خداوند عالم نہیں بنا ہے۔ وہ اس کا محتاج نہیں ہے کہ آپ اس کی خدائی مانیں تو وہ خدا ہو۔ آپ خواہ مانیں یا نہ مانیں وہ تو خود خدا ہے۔ اس کی خدائی خود اپنے زور پر قائم ہے۔ اس نے آپ کو اور اس دنیا کو خود بنایا ہے۔ یہ زمین، یہ چاند اور سورج اور یہ ساری کائنات اُسی کے حکم کی تابع ہے۔ اس کائنات میں جتنی قوتیں کام کر رہی ہیں سب اُسی کے زیر حکم ہیں۔ وہ ساری چیزیں جن کے بل پر آپ زندہ ہیں، اسی کے قبضہ قدرت میں ہیں۔ خود آپ کا اپنا وجود اس کے اختیار میں ہے۔ اس واقعہ کو آپ کسی طرح بدل نہیں سکتے۔ آپ اس کو نہ مانیں تب بھی یہ واقعہ ہے۔ آپ اس سے آنکھیں بند کر لیں تب بھی یہ واقعہ ہے۔ آپ اس کے سوا کچھ اور سمجھ بیٹھیں تب بھی یہ واقعہ ہے۔ ان سب صورتوں میں واقعہ کا تو کچھ بھی

نہیں بگڑتا۔ البتہ فرق یہ ہوتا ہے کہ اگر آپ اس واقعہ کو تسلیم کرکے اپنی وہی حیثیت قبول کر لیں جو اس واقعہ کے اندر دراصل آپ کی ہے تو آپ کی زندگی درست ہو گی، آپ کو چین ملے گا، اطمینان نصیب ہو گا، اور آپ کی زندگی کی ساری کَل ٹھیک چلے گی، اور اگر آپ نے واقعہ کے خلاف کوئی اور حیثیت اختیار کی تو انجام وہی ہو گا جو چلتی ہوئی ریل کے دروازے کو اپنے گھر کا دروازہ سمجھ کر باہر نکلنے کا ہوتا ہے۔ چوٹ آپ خود کھائیں گے۔ ٹانگ آپ کی ٹوٹے گی۔ سر آپ کا پھٹے گا۔ تکلیف آپ کو پہنچے گی۔ واقعہ جیسا تھا ویسا ہی رہے گا۔

آپ سوال کریں گے کہ اس واقعہ کے مطابق ہماری صحیح حیثیت کیا ہے۔ میں چند لفظوں میں اس کی تشریح کیے دیتا ہوں۔ اگر کسی نوکر کو آپ کی تنخواہ دے کر پال رہے ہوں تو بتایئے اس نوکر کی اصلی حیثیت کیا ہے؟ یہی نا کہ آپ کی نوکری بجا لائے۔ آپ کے حکم کی اطاعت کرے۔ آپ کی مرضی کے مطابق کام کرے اور نوکری کی حد سے نہ بڑھے۔ نوکر کا کام آخر نوکری کے سوا اور کیا ہو سکتا ہے؟ آپ اگر افسر ہوں اور کوئی آپ کا ماتحت ہو تو ماتحت کا کام کیا ہے؟ یہی نا کہ وہ ماتحتی کرے، افسری کی ہوا میں نہ رہے۔ اگر آپ کسی جائیداد کے مالک ہیں تو اس جائیداد میں آپ کی خواہش کیا ہو گی؟ یہی نا کہ اس میں آپ کی مرضی چلے۔ جو کچھ آپ چاہیں وہی ہو اور آپ کی مرضی کے خلاف پتہ نہ ہل سکے۔ آپ پر اگر کوئی بادشاہی مسلط ہو اور تمام قوتیں اس کے ہاتھ میں ہوں تو ایسی بادشاہی کی موجودگی میں آپ کی حیثیت کیا ہو سکتی ہے؟ یہی نا کہ آپ سیدھی طرح رعیت بن کر رہنا قبول کریں اور شاہی قانون کی فرمان برداری سے قدم باہر نہ نکالیں۔ بادشاہ کی سلطنت کے اندر

رہتے ہوئے اگر آپ خود اپنی بادشاہی کا دعویٰ کریں گے یا کسی دوسرے کی بادشاہی مان کر اس کے حکم پر چلیں گے تو آپ باغی ہوں گے اور باغی کے ساتھ جو سلوک کیا جاتا ہے وہ آپ کو معلوم ہی ہے۔

ان مثالوں سے آپ خوب سمجھ سکتے ہیں کہ خدا کی اس سلطنت میں آپ کی اصلی حیثیت کیا ہے؟

آپ کو اس نے بنایا ہے۔ قدرتی طور پر آپ کا کوئی کام اس کے سوا نہیں ہے کہ اپنے بنانے والے کی مرضی پر چلیں۔

آپ کو وہ پال رہا ہے، اور اسی کے خزانے سے آپ تنخواہ لے رہے ہیں آپ کی کوئی حیثیت اس کے سوا نہیں ہے کہ آپ اس کے نوکر ہیں۔

آپ کا اور ساری دنیا کا افسر وہ ہے۔ اس کی افسری میں آپ کی حیثیت ماتحتی کے سوا اور کچھ نہیں ہو سکتی۔

یہ زمین اور آسمان سب اس کی جائیداد ہیں۔ اس جائیداد میں اسی کی مرضی چلے گی اور چلنی چاہیے۔ آپ کو یہاں اپنی مرضی چلانے کا کوئی حق نہیں ہے۔ اپنی مرضی آپ چلانے کی کوشش کریں گے تو منہ کی کھائیں گے۔

اس سلطنت میں اس کی بادشاہی اس کے اپنے زور پر قائم ہے۔ زمین اور آسمان کے سارے محکمے اس کے قبضہ میں ہیں۔ آپ خود چاہے راضی ہوں یا ناراض، بہر حال اس کی رعیت ہیں۔ آپ کی اور کسی انسان کی بھی، خواہ وہ چھوٹا ہو یا بڑا، کوئی دوسری حیثیت رعیت ہونے کے سوا نہیں ہے۔ اسی کا قانون، اس سلطنت میں قانون ہے اور اسی کا حکم، حکم ہے۔ رعیت میں سے کسی کو یہ دعویٰ کرنے کا حق نہیں

ہے کہ میں ہز میجسٹی ہوں یا ہز ہائی نس ہوں یا ڈکٹیٹر اور خود مختار ہوں۔ نہ کسی شخص یا پارلیمنٹ یا اسمبلی یا کونسل کو یہ اختیار حاصل ہے کہ اس سلطنت میں خدا کے بجائے خود اپنا قانون بنائے اور خدا کی رعیت سے کہے کہ ہمارے اس قانون کی پیروی کرو۔ نہ کسی انسانی حکومت کو یہ حق پہنچتا ہے کہ خدا کے حکم سے بے نیاز ہو کر خود حکم چلائے اور خدا کے بندوں سے کہے کہ ہمارے اس حکم کی اطاعت کرو۔ نہ کسی انسان یا انسانوں کے کسی گروہ کے لیے یہ جائز ہے کہ اصلی بادشاہ کی رعیت بننے کے بجائے بادشاہی کے جھوٹے مدعیوں میں سے کسی کی رعیت بننا قبول کرے، اصلی بادشاہ کے قانون کو چھوڑ کر جھوٹے قانون سازوں کا قانون تسلیم کرے، اور اصلی حکمران سے منہ موڑ کر جھوٹ موٹ کی ان حکومتوں کا حکم ماننے لگے۔ یہ تمام صورتیں بغاوت کی ہیں۔ خود بادشاہی کے اختیارات کا دعویٰ کرنا یا ایسے کسی مدعی کے دعوے کو قبول کرنا، دونوں حرکتیں رعیت کے لیے بغاوت کا حکم رکھتی ہیں اور اس کی سزا ان دونوں کو ملنی یقینی ہے، خواہ جلدی ملے یا دیر میں۔

آپ کی اور ایک ایک انسان کی پیشانی کے بال خدا کی مٹھی میں ہیں۔ جب چاہے پکڑ کر گھسیٹ لے۔ زمین و آسمان کی اس سلطنت میں بھاگ جانے کی طاقت کسی میں نہیں ہے۔ آپ اس سے بھاگ کر کہیں پناہ نہیں لے سکتے۔ مٹی میں مل کر آپ کا ایک ایک ذرہ بھی منتشر ہو جائے، آگ میں جل کر خواہ آپ کی راکھ ہوا میں پھیل جائے، پانی میں بہہ کر خواہ آپ مچھلیوں کی خوراک بنیں یا سمندر کے پانی میں گھل جائیں، ہر جگہ سے خدا آپ کو پکڑ لے گا۔ ہوا اس کی غلام ہے، زمین اس کی بندی ہے، پانی اور اس کی مچھلیاں سب اس کے حکم کے تابع ہیں۔ ایک اشارے پر

سب طرف سے آپ پکڑے ہوئے آ جائیں گے اور پھر وہ آپ میں سے ایک ایک کو بلا کر پوچھے گا کہ میری رعیت ہو کر بادشاہی (Sovereignty) کا دعویٰ کرنے کا حق تمہیں کہاں سے پہنچ گیا تھا؟ میرے ملک میں اپنا حکم چلانے کے اختیارات تم کہاں سے لائے تھے؟ میری سلطنت میں اپنا قانون جاری کرنے والے تم کون تھے؟ میرے بندے ہو کر دوسروں کی بندگی کرنے پر تم کیسے راضی ہو گئے؟ میرے نوکر ہو کر تم نے دوسروں کا حکم مانا، مجھ سے تنخواہ لے کر دوسروں کو ان داتا اور رازق سمجھا۔ میرے غلام ہو کر دوسروں کی غلامی کی ، میری بادشاہی میں رہتے ہوئے دوسروں کے قانون کو قانون سمجھا اور دوسروں کے فرامین کی اطاعت کی۔ یہ بغاوت کس طرح تمہارے لیے جائز ہو گئی تھی؟ فرمائیے آپ میں سے کسی کے پاس اس الزام کا جواب ہے؟ کون سے وکیل صاحب وہاں اپنے قانونی داؤ پیچ سے بچاؤ کی صورت نکال سکیں گے؟ اور کون سی سفارش پر آپ بھروسہ رکھتے ہیں کہ وہ آپ کو اس بغاوت کے جرم کی سزا بھگتنے سے بچا لے گی؟

٭ ٭ ٭

ظلم کی وجہ

صاحبو! یہاں صرف حق ہی کا سوال نہیں ہے۔ یہ سوال بھی ہے کہ خدا کی اس خدائی میں کیا انسان بادشاہی یا قانون سازی یا حکمرانی کا اہل ہو سکتا ہے؟ جیسا کہ ابھی عرض کر چکا ہوں، ایک معمولی مشین کے متعلق بھی آپ یہ جانتے ہیں کہ اگر کوئی اناڑی شخص جو اس کی مشینری سے واقف نہ ہو، اسے چلائے گا تو بگاڑ دے گا۔ ذرا کسی ناواقف آدمی سے ایک موٹر ہی چلوا کر دیکھ لیجے۔ ابھی آپ کو معلوم ہو جائے گا کہ اس حماقت کا کیا انجام ہوتا ہے۔ اب ذرا خود سوچیے کہ لوہے کی ایک مشین کا حال جب یہ ہے کہ صحیح علم کے بغیر اس کو استعمال نہیں کیا جا سکتا تو انسان، جس کی نفسیات انتہا درجہ کی پیچیدہ ہیں، جس کی زندگی کے معاملات بے شمار پہلو رکھتے ہیں اور ہر پہلو میں لاکھوں گتھیاں ہیں، اس کی پیچ در پیچ مشینری کو وہ لوگ چلا سکتے ہیں جو دوسروں کو جاننا اور سمجھنا تو درکنار خود اپنے آپ کو بھی اچھی طرح نہیں جانتے اور نہیں سمجھتے؟ ایسے اناڑی جب قانون ساز بن بیٹھیں گے اور ایسے نادان جب انسانی زندگی کی ڈرائیوری پر آمادہ ہوں گے تو کیا اس کا انجام کسی اناڑی شخص کے موٹر چلانے کے انجام سے کچھ بھی مختلف ہو سکتا ہے؟ یہی وجہ ہے کہ جہاں خدا کے بجائے انسانوں کا بنایا ہوا قانون مانا جا رہا ہے اور جہاں خدا کی اطاعت سے بے نیاز ہو

کر انسان حکم چلا رہا ہے اور انسان ان کا حکم مان رہے ہیں، کسی جگہ بھی امن نہیں ہے ۔ کسی جگہ بھی آدمی کو چین نصیب نہیں ۔ کسی جگہ بھی انسانی زندگی کی گل سیدھی نہیں چلتی ۔ کشت و خون ہو رہے ہیں ۔ ظلم اور بے انصافی ہو رہی ہے ۔ لوٹ کھسوٹ برپا ہے ۔ آدمی کا خون آدمی چوس رہا ہے ۔ اخلاق تباہ ہو رہے ہیں ۔ صحبتیں برباد ہو رہی ہیں ۔ تمام طاقتیں جو خدا نے انسان کو دی تھیں، انسان کے فائدے کے بجائے اس کی تباہی اور بربادی میں صرف ہو رہی ہیں ۔ یہ مستقل دوزخ جو اسی دنیا میں انسان نے اپنے لیے آپ اپنے ہاتھوں بنا لی ہے، اس کی وجہ اس کے سوا کچھ نہیں ہے کہ اس نے بچوں کی طرح شوق میں آ کر اس مشین کو چلانے کی کوشش کی جس کے کل پرزوں سے وہ واقف ہی نہیں ۔ اس مشین کو جس نے بنایا ہے وہی اس کے رازوں کو جانتا ہے ۔ وہی اس کی فطرت سے واقفیت رکھتا ہے ۔ اسی کو ٹھیک ٹھیک معلوم ہے کہ یہ کس طرح صحیح چل سکتی ہے ۔ اگر آدمی اپنی حماقت سے باز آ جائے اور اپنی جہالت تسلیم کر کے اس قانون کی پابندی کرنے لگے جو خود اس مشین کے بنانے والے نے مقرر کیا ہے، تب تو جو کچھ بگڑا ہے وہ پھر بن سکتا ہے، ورنہ ان مصیبتوں کا کوئی حل ممکن نہیں ۔

****

بے انصافی کیوں ہے؟

آپ ذرا اور گہری نظر سے دیکھیں تو آپ کو جہالت کے سوا اپنی زندگی کے بگاڑ کی ایک اور وجہ بھی نظر آئے گی۔

ذرا سی عقل یہ بات سمجھنے کے لیے کافی ہے کہ انسان کسی ایک شخص یا ایک خاندان یا ایک قوم کا نام نہیں ہے۔ تمام دنیا کے انسان بہر حال انسان ہیں۔ تمام انسانوں کو جینے کا حق ہے۔ سب اس کے حق دار ہیں کہ ان کی ضرورتیں پوری ہوں سب امن کے، انصاف کے، عزت اور شرافت کے مستحق ہیں۔ انسانی خوش حالی اگر کسی چیز کا نام ہے تو وہ کسی ایک شخص یا خاندان یا قوم کی خوش حالی نہیں بلکہ تمام انسانوں کی خوش حالی ہے۔ ورنہ ایک خوش حال ہو اور دس بد حال ہوں تو آپ یہ نہیں کہہ سکتے کہ انسان خوش حال ہے۔ فلاح اگر کسی چیز کو کہتے ہیں تو وہ تمام انسانوں کی فلاح ہے نہ کہ کسی ایک طبقہ کی یا ایک قوم کی۔ ایک کی فلاح اور دس کی بربادی کو آپ انسانی فلاح نہیں کہہ سکتے۔

اس بات کو اگر آپ صحیح سمجھتے ہیں تو غور کیجیے کہ انسانی فلاح اور خوش حالی کس طرح حاصل ہو سکتی ہے۔ میرے نزدیک اس کی کوئی صورت اس کے سوا نہیں ہے کہ انسانی زندگی کے لیے قانون وہ بنائے جس کی نظر میں تمام انسان یکساں ہوں۔

سب کے حقوق ،انصاف کے ساتھ وہ مقرر کرے جو نہ تو خود اپنی کوئی ذاتی غرض رکھتا ہو اور نہ کسی خاندان یا طبقہ کی یا کسی ملک یا قوم کی اغراض سے اس کو خاص دلچسپی ہو۔ سب کے سب اس کا حکم مانیں۔ جو حکم دینے میں نہ اپنی جہالت کی وجہ سے غلطی کرے ،نہ اپنی خواہش کی بناء پر حکمرانی کے اختیارات سے ناجائز فائدہ اٹھائے اور نہ ایک کا دشمن اور دوسرے کا دوست ،ایک کا طرف دار اور دوسرے کا مخالف ،ایک کی طرف مائل اور دوسرے سے منحرف ہو۔ صرف اسی صورت میں عدل قائم ہو سکتا ہے۔ اسی طرح تمام انسانوں ،تمام قوموں ،تمام طبقوں اور تمام گروہوں کو ان کے جائز حقوق پہنچ سکتے ہیں ۔ یہی ایک صورت ہے جس سے ظلم مٹ سکتا ہے۔

اگر یہ بات بھی درست ہے تو پھر میں آپ سے پوچھتا ہوں کہ کیا دنیا میں کوئی انسان بھی ایسا بے لاگ ،ایسا غیر جانبدار ،ایسا بے غرض ،اور اس قدر انسانی کمزوریوں سے بالاتر ہو سکتا ہے؟ شاید آپ میں سے کوئی شخص میرے اس سوال کا جواب اثبات میں دینے کی جرات نہ کرے گا۔ یہ شان صرف خدا ہی کی ہے۔ کوئی دوسرا اس شان کا نہیں ہے۔ انسان خواہ کتنے ہی بڑے دل گردے کا ہو ،بہر حال وہ اپنی کچھ ذاتی اغراض رکھتا ہے۔ کچھ دلچسپیاں رکھتا ہے۔ کسی سے اس کا تعلق زیادہ ہے اور کسی سے کم ،کسی سے اس کو محبت ہے اور کسی سے نہیں ہے۔ ان کمزوریوں سے کوئی انسان پاک نہیں ہو سکتا یہی وجہ ہے کہ جہاں خدا کے بجائے انسانوں کے حکم کی اطاعت کی جاتی ہے۔ وہاں کسی نہ کسی صورت میں ظلم اور بے انصافی ضرور موجود ہے۔

ان شاہی خاندانوں کو دیکھیے جو زبردستی اپنی طاقت کے بل بوتے پر امتیازی حیثیت حاصل کیے ہوئے ہیں۔ انہوں نے اپنے لیے وہ عزت ، وہ ٹھاٹھ ، وہ آمدنی ، وہ حقوق ، اور وہ اختیارات مخصوص کر رکھے ہیں جو دوسروں کے لیے نہیں ہیں۔ یہ قانون سے بالاتر ہیں۔ ان کے خلاف کوئی دعویٰ نہیں کیا جا سکتا۔ یہ چاہے کچھ کریں ان کے مقابلہ میں کوئی چارہ جوئی نہیں کی جا سکتی۔ کوئی عدالت ان کے نام سمن نہیں بھیج سکتی۔ دنیا دیکھتی ہے کہ یہ غلطیاں کرتے ہیں مگر کہا جاتا ہے اور ماننے والے مان بھی لیتے ہیں کہ "بادشاہ غلطی سے پاک ہے"، دنیا دیکھتی ہے کہ یہ معمولی انسان ہیں ، جیسے اور سب انسان ہوتے ہیں ۔ مگر یہ خدا بن کر سب سے اونچے بیٹھتے ہیں اور لوگ ان کے سامنے یوں ہاتھ باندھے ، سر جھکائے ، ڈرے سہمے کھڑے ہوتے ہیں گویا ان کا رزق ، ان کی زندگی ، ان کی موت سب ان کے ہاتھ میں ہے۔ یہ رعایا کا پیسہ اچھے اور برے ہر طریقے سے گھسیٹتے ہیں اور اسے اپنے محلوں پر ، اپنی سواریوں پر اپنے عیش و آرام اور اپنی تفریحوں پر بے دریغ لٹاتے ہیں۔ ان کے کتوں کو وہ روٹی ملتی ہے جو کما کر دینے والی رعایا کو نصیب نہیں ہوتی۔ کیا یہ انصاف ہے ؟ کیا یہ طریقہ کسی ایسے عادل کا مقرر کیا ہوا ہو سکتا ہے جس کی نگاہ میں سب انسانوں کے حقوق اور مفاد یکساں ہوں ؟ کیا یہ لوگ انسانوں کے لیے کوئی منصفانہ قانون بنا سکتے ہیں ؟

ان برہمنوں اور پیروں کو دیکھیے ۔ ان نوابوں اور رئیسوں کو دیکھیے ۔ ان جاگیر داروں اور زمینداروں کو دیکھیے ۔ ان ساہو کاروں اور مہاجنوں کو دیکھیے ۔ یہ سب طبقے اپنے آپ کو عام انسانوں سے بالاتر سمجھتے ہیں۔ ان کے زور و اثر سے جتنے قوانین دنیا میں بنے ہیں وہ انہیں ایسے حقوق دیتے ہیں جو عام انسانوں کو نہیں دیئے

گئے۔ یہ پاک ہیں اور دوسرے ناپاک۔ یہ شریف ہیں اور دوسرے کمین۔ یہ اونچے ہیں اور دوسرے نیچے۔ یہ لوٹنے کے لیے ہیں اور دوسرے لٹنے کے لیے۔ ان کے نفس کی خواہشوں پر لوگوں کی جان، مال، عزت، آبرو ہر ایک چیز قربان کر دی جاتی ہے۔ کیا یہ ضابطے کسی منصف کے بنائے ہوئے ہو سکتے ہیں؟ کیا ان میں صریح طور پر خود غرضی اور جانبداری نظر نہیں آتی؟ کیا اس سوسائٹی میں منصفانہ قوانین بن سکتے ہیں جس پر یہ لوگ چھائے ہوئے ہوں؟

ان حاکم قوموں کو دیکھیے جو اپنی طاقت کے بل پر دوسری قوموں کو غلام بنائے ہوئے ہیں۔ ان کا کونسا قانون اور کونسا ضابطہ ایسا ہے جس میں خود غرضی شامل نہیں ہے؟ یہ اپنے آپ کو انسان اعلیٰ کہتے ہیں۔ بلکہ در حقیقت صرف اپنے ہی کو انسان سمجھتے ہیں۔ ان کے نزدیک کمزور قوموں کے لوگ یا تو انسان ہی نہیں ہیں یا اگر ہیں تو ادنیٰ درجے کے ہیں۔ یہ ہر حیثیت سے اپنے آپ کو دوسروں سے اونچا ہی رکھتے ہیں اور اپنی اغراض پر دوسروں کے مفاد کو قربان کرنا اپنا حق سمجھتے ہیں۔ ان کے زور و اثر سے جتنے قوانین اور ضوابط دنیا میں بنے ہیں، ان سب میں یہ رنگ موجود ہے۔

یہ چند مثالیں میں نے محض اشارے کے طور پر دی ہیں۔ تفصیل کا یہاں موقع نہیں۔ میں صرف یہ بات آپ کے ذہن نشین کرنا چاہتا ہوں کہ دنیا میں جہاں بھی انسان نے قانون بنایا ہے، وہاں بے انصافی ضرور ہوئی ہے۔ کچھ انسانوں کو ان کے جائز حقوق سے بہت زیادہ دیا گیا ہے اور کچھ انسانوں کے حقوق نہ صرف پامال کیے گئے ہیں بلکہ انہیں انسانیت کے درجے سے گرا دینے میں بھی تامل نہیں کیا گیا۔ اس کی وجہ انسان کی یہ کمزوری ہے کہ وہ جب کسی معاملہ کا فیصلہ کرنے بیٹھتا ہے تو اس

کے دل و دماغ پر اپنی ذات ، یا اپنے خاندان ، یا اپنی نسل ، یا اپنے طبقے یا اپنی قوم ہی کے مفاد کا خیال مسلط رہتا ہے۔ دوسروں کے حقوق اور مفاد کے لیے اس کے پاس وہ ہمدردی کی نظر نہیں ہوتی جو اپنوں کے لیے ہوتی ہے۔

مجھے بتائیے ، کیا اس بے انصافی کا کوئی علاج اس کے سوا ممکن ہے کہ تمام انسانی قوانین کو دریا برد کر دیا جائے ، اور اس خدائی قانون کو ہم سب تسلیم کر لیں جس کی نگاہ میں ایک انسان اور دوسرے انسان کے درمیان کوئی فرق نہیں۔ فرق اگر ہے تو صرف اس کے اخلاق ، اس کے اعمال ، اور اس کے اوصاف کے لحاظ سے ہے ، نہ کہ نسل یا طبقے یا قومیت یا رنگ کے لحاظ سے۔

٭ ٭ ٭

امن کس طرح قائم ہو سکتا ہے؟

صاحبو! اس معاملہ میں ایک اور پہلو بھی ہے جسے میں نظر انداز نہیں کر سکتا۔ آپ جانتے ہیں کہ آدمی کو قابو میں رکھنے والی چیز صرف ذمہ داری کا احساس ہی ہے۔ اگر کسی شخص کو یقین ہو جائے کہ وہ جو چاہے کرے، کوئی اس سے جواب طلب کرنے والا نہیں ہے اور نہ اس کے اوپر ایسی کوئی طاقت ہے جو اسے سزا دے سکے تو آپ سمجھ سکتے ہیں کہ وہ شتر بے مہار بن جائے گا۔ یہ بات جس طرح ایک شخص کے معاملہ میں صحیح ہے۔ اسی طرح ایک خاندان، ایک قوم اور تمام دنیا کے انسانوں کے معاملہ میں بھی صحیح ہے۔ ایک خاندان جب یہ محسوس کرتا ہے کہ اس سے کوئی جواب طلب نہیں کر سکتا تو وہ قابو سے باہر ہو جاتا ہے۔ ایک طبقہ بھی ذمہ داری اور جواب دہی سے بے خوف ہو جاتا ہے تو دوسروں پر ظلم ڈھانے میں اسے کوئی تامل نہیں ہوتا۔ ایک قوم یا ایک سلطنت بھی جب اپنے آپ کو اتنا طاقتور پاتی ہے کہ زیادتی کے کسی برے نتیجہ کا خوف اسے نہیں ہوتا تو وہ جنگل کے بھیڑیئے کی طرح کمزور بکریوں کو پھاڑنا شروع کر دیتی ہے۔ دنیا میں جتنی بدامنی پائی جاتی ہے اس کی ایک بڑی وجہ یہی ہے۔ جب تک انسان اپنے سے بالاتر کسی اقتدار کو تسلیم نہ کرے، اور جب تک اسے یقین نہ ہو کہ مجھ سے اوپر کوئی ایسا ہے جس کو مجھے اپنے

اعمال کا جواب دینا ہے اور جس کے ہاتھ میں اتنی طاقت ہے کہ مجھے سزا دے سکتا ہے، اس وقت تک یہ کسی طرح ممکن نہیں کہ ظلم کا دروازہ بند ہو اور صحیح امن قائم ہو سکے۔

اب مجھے بتائیے کہ ایسی طاقت سوائے خداوند عالم کے اور کون سی ہو سکتی ہے؟ خود انسانوں میں سے تو کوئی ایسا نہیں ہو سکتا۔ کیونکہ جس انسان، یا جس انسانی گروہ کو بھی آپ یہ حیثیت دیں گے، اس کے شتر بے مہار ہو جانے کا امکان ہے۔ خود اس سے یہ اندیشہ ہے کہ تمام فرعونوں کا ایک فرعون وہ ہو جائے گا اور خود اس سے یہ خطرہ ہے کہ خود غرضی اور جانبداری سے کام لے کر وہ بعض انسانوں کو گرائے گا اور بعض کو اٹھائے گا۔ یورپ نے اس مسئلے کو حل کرنے کے لیے مجلس اقوام بنائی تھی مگر بہت جلدی وہ سفید رنگ والی قوموں کی مجلس بن کر رہ گئی اور اس نے چند طاقتور سلطنتوں کے ہاتھ میں کھلونا بن کر کمزور قوموں کے ساتھ بے انصافی شروع کر دی۔

اس تجربے کے بعد کوئی ایسی طاقت برآمد ہونی ناممکن ہے جس کی بازپرس کا خوف فرداً فرداً ایک ایک شخص سے لے کر دنیا کی قوموں اور سلطنتوں تک کو قابو میں رکھ سکتا ہو۔ ایسی طاقت لامحالہ انسانی دائرہ سے باہر اور اس سے اوپر ہی ہونی چاہیے اور وہ صرف خداوند عالم ہی کی طاقت ہو سکتی ہے۔ ہم اگر اپنی بھلائی چاہتے ہیں تو ہمارے لیے اس کے سوا کوئی چارہ ہی نہیں کہ خدا پر ایمان لائیں، اس کی حکومت کے آگے اپنے آپ کو فرماں بردار رعیت کی طرح سپرد کر دیں، اور اس یقین کے ساتھ دنیا

میں زندگی بسر کریں کہ وہ ہمارے چھپے اور کھلے سب کاموں کو جانتا ہے اور ایک دن ہمیں اس کی عدالت میں اپنی پوری زندگی کے کارنامے کا حساب دینا ہے۔ ہمارے شریف اور پرامن انسان بننے کی بس یہی ایک صورت ہے۔

***

ایک شبہ

اب میں اپنی تقریر کو ختم کرنے سے پہلے ایک شبہ کو صاف کر دینا ضروری سمجھتا ہوں جو غالباً آپ میں سے ہر ایک کے دل میں پیدا ہو رہا ہو گا۔ آپ سوچ رہے ہوں گے جب خدا کی حکومت اتنی زبردست ہے کہ خاک کے ایک ذرہ سے لے کر چاند اور سورج تک ہر چیز اس کے قابو میں ہے اور جب انسان اس کی حکومت میں محض ایک رعیت کی حیثیت رکھتا ہے تو آخر یہ ممکن کس طرح ہوا کہ انسان اس کی حکومت کے خلاف بغاوت کرے اور خود اپنی بادشاہی کا اعلان کر کے اس کی رعیت پر اپنا قانون چلائے؟ کیوں نہیں خدا اس کا ہاتھ پکڑ لیتا اور کیوں اسے سزا نہیں دیتا؟

اس سوال کا جواب میں آپ کو ایک سیدھی مثال سے دوں گا۔

فرض کیجیے کہ ایک بادشاہ کسی شخص کو اپنے ملک کے کسی ضلع کا افسر بنا کر بھیجتا ہے۔ ملک بادشاہ ہی کا ہے۔ رعیت بھی اسی کی ہے۔ ریل، ٹیلیفون، تار، فوج اور دوسری تمام طاقتیں بھی بادشاہ کے ہاتھ میں ہیں۔ بادشاہ کی سلطنت اس ضلع پر چاروں طرف سے اس طرح چھائی ہوئی ہے کہ اس چھوٹے سے ضلع کا افسر اس کے

مقابلہ میں بالکل عاجز ہے۔ اگر بادشاہ چاہے تو اس کو پوری طرح مجبور کر سکتا ہے کہ اس کے حکم سے بال برابر منہ نہ موڑ سکے۔ لیکن بادشاہ اس افسر کی عقل کا، اس کے ظرف کا اور اس کی لیاقت کا امتحان لینا چاہتا ہے اس لیے وہ اس پر سے اپنی گرفت اتنی ڈھیلی کر لیتا ہے کہ اسے اپنے اوپر کوئی بالاتر اقتدار محسوس نہیں ہوتا۔

اب اگر وہ افسر عقل مند، نمک حلال، فرض شناس اور وفادار ہے تو اس ڈھیلی گرفت کے باوجود اپنے آپ کو رعیت اور ملازم ہی سمجھتا رہے گا۔ بادشاہ کے ملک میں اسی کے قانون کے مطابق حکومت کرے گا اور جو اختیارات بادشاہ نے اسے دیئے ہیں انہیں خود بادشاہ کی مرضی کے مطابق استعمال کرتا رہے گا۔ اس وفادارانہ طرز عمل سے اس کی اہلیت ثابت ہو گی اور بادشاہ اسے زیادہ بلند مرتبوں کے قابل پا کر ترقیوں پر ترقیاں دیتا چلا جائے گا۔

لیکن فرض کیجیے کہ ایک افسر بے وقوف، نمک حرام، کم ظرف اور شریر ہے اور رعیت کے وہ لوگ جو اس ضلع میں رہتے ہیں جاہل، بزدل اور نادان ہیں۔ اپنے اوپر سلطنت کی گرفت ڈھیلی پا کر وہ بغاوت پر آمادہ ہو جاتا ہے۔ اس کے دماغ میں خود مختاری کی ہوا بھر جاتی ہے۔ وہ خود اپنے آپ کو ضلع کا مالک سمجھ کر خود سرانہ حکومت کرنے لگتا ہے اور جاہل رعیت کے لوگ محض یہ دیکھ کر اس کی خود مختارانہ حکومت تسلیم کر لیتے ہیں کہ تنخواہ یہ دیتا ہے، پولیس اس کے پاس ہے، عدالتیں اس کے ہاتھ میں ہیں جیل کی ہتھکڑیاں اور پھانسی کے تختے اس کے قبضے میں ہیں، اور

ہماری قسمت کو بنانے ، یا بگاڑنے کے اختیارات یہ رکھتا ہے ۔

بادشاہ اس اندھی رعیت اور اس باغی افسر دونوں کے طرزِ عمل کو دیکھتا ہے ۔ چاہے تو فوراً پکڑ لے اور ایسی سزا دے کہ ہوش ٹھکانے نہ رہیں ۔ مگر وہ اس حاکم ضلع اور اس رعیت دونوں کی پوری آزمائش کرنا چاہتا ہے ، اس لیے وہ نہایت تحمل اور بردباری کے ساتھ انہیں ڈھیل دیتا چلا جاتا ہے تا کہ جتنی نالائقیاں ان کے اندر بھری ہوئی ہیں پوری طرح ظاہر ہو جائیں ۔ اس کی طاقت اتنی زبردست ہے کہ اسے اس بات کا خوف ہی نہیں ہے کہ یہ افسر کبھی زور پکڑ کر اس کا تخت چھین لے ۔ اسے اس بات کا بھی کوئی اندیشہ نہیں کہ یہ باغی اور نمک حرام لوگ اس کی گرفت سے نکل کر کہیں بھاگ جائیں گے ۔ اس لیے اسے جلد بازی کے ساتھ فیصلہ کر دینے کی کوئی ضرورت نہیں ، وہ سالہا سال تک ڈھیل دیتا رہتا ہے ۔ یہاں تک کہ جب یہ لوگ اپنی پوری خباثت کا اظہار کر چکتے ہیں اور کوئی کسر اس کے اظہار میں باقی نہیں رہتی ، تب وہ ایک روز اپنا عذاب ان پر بھیجتا ہے ، اور وہ ایسا وقت ہوتا ہے کہ کوئی تدبیر اس وقت انہیں اس کے عذاب سے نہیں بچا سکتی ۔

صاحبو! میں اور آپ اور خدا کے بنائے ہوئے یہ افسر ، سب کے سب اسی آزمائش میں مبتلا ہیں ۔ ہماری عقل کا ، ہمارے ظرف کا ، ہماری فرض شناسی کا ، ہماری وفاداری کا سخت امتحان ہو رہا ہے ۔ اب ہم میں سے ہر شخص کو خود فیصلہ کرنا چاہیے کہ وہ اپنے اصلی بادشاہ کا نمک حلال افسر یا رعیت بننا پسند کرتا ہے یا نمک حرام؟ میں

نے اپنی جگہ نمک حلالی کا فیصلہ کیا ہے اور میں ہر اس شخص سے باغی ہوں جو خدا سے باغی ہے۔ آپ اپنے فیصلہ میں مختار ہیں۔ چاہیں یہ راستہ اختیار کریں یا وہ۔ ایک طرف وہ نقصانات اور وہ فائدے ہیں جو خدا کے یہ باغی ملازم پہنچا سکتے ہیں۔ دوسری طرف وہ نقصانات اور وہ فائدے ہیں جو خود خدا پہنچا سکتا ہے۔ دونوں میں سے آپ جس کا انتخاب کرنا چاہیں کر سکتے ہیں۔

٭ ٭ ٭

AF367721